글 양화당

햇살 좋은 사무실에서 어린이책을 기획하고 집필하는 일을 하고 있습니다.
어린이들이 재미있게 읽으면서도 마음의 양식으로 삼을 수 있는 따뜻하고
영양가 있는 책을 많이 쓰고 만드는 게 꿈이랍니다.
쓴 책으로 <새콤달콤 열 단어 과학 캔디> 시리즈, <보글보글 열 단어 한국사 라면> 시리즈,
『신비아파트 공부 귀신 1. 발명품이 사라졌다!』,『신비아파트 학교 귀신 1. 학교생활을 도와줘!』
등이 있습니다.

그림 권송이

서울시립대학교 환경조각과를 졸업하고 어린이책에 그림을 그리고 있습니다.
어떻게 하면 멋진 그림으로 아이들과 재미있는 생각을 나눌까 고민할 때가
가장 즐겁습니다. 그린 책으로『애덤 스미스 아저씨네 경제 문구점』,
『밥상에 우리말이 가득하네』,『미래가 온다, 신소재』등이 있습니다.

K탐정의 척척척 대한민국 6
오렌지와 양배추가 가족이 되었다고?

초판 1쇄 발행 2024년 3월 11일 | 초판 5쇄 발행 2024년 12월 16일
글 양화당 | 그림 권송이

발행인 이봉주 | 편집장 안경숙 | 편집관리 정아름 | 편집 황지영 | 디자인 아이디스퀘어
마케팅 정지운, 박현아, 원숙영, 김지윤, 황지영 | 제작 신홍섭

펴낸곳 (주)웅진씽크빅 | 주소 경기도 파주시 회동길 20 (우)10881
문의 전화 031)956-7523(편집), 031)956-7569, 7570(마케팅)
홈페이지 www.wjjunior.co.kr | 블로그 blog.naver.com/wj_junior | 페이스북 facebook.com/wjbook
트위터 @new_wjjr | 인스타그램 @woongjin_junior
출판신고 1980년 3월 29일 제406-2007-00046호 | 제조국 대한민국 | 사용연령 7세 이상

글 ⓒ양화당, 2024 | 그림 ⓒ권송이, 2024
저작권자와 맺은 특약에 따라 검인을 생략합니다.

ISBN 978-89-01-27584-0 74300·978-89-01-25830-0(세트)
*잘못 만들어진 책은 바꾸어드립니다.

웅진주니어는 (주)웅진씽크빅의 유아·아동·청소년 도서 브랜드입니다.
저작권법에 의해 한국 내에서 보호를 받는 저작물이므로 무단 전재와 무단 복제를 금지하며,
이 책 내용의 전부 또는 일부를 이용하려면 반드시 저작권사와 (주)웅진씽크빅의 서면 동의를 받아야 합니다.

⚠ 주의
1. 책 모서리가 날카로워 다칠 수 있으니 사람을 향해 던지거나 떨어뜨리지 마십시오. 2. 보관 시 직사광선이나 습기 찬 곳은 피해 주십시오.

K탐정의 **척척척 대한민국**

양화당 글 | 권송이 그림

6 오렌지와 양배추가 가족이 되었다고?

웅진주니어

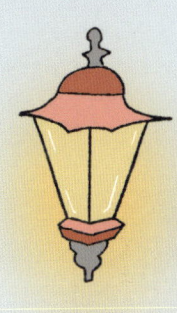 

·K탐정 프로필·

나이: 13세
학력: 어린이 탐정학교 공동 수석 졸업
장래 희망: 오빠를 뛰어넘는 명탐정
특기: 뛰어난 시각, 직감으로 증거 찾아내기
취미: 탐정 소설 읽기

나에게는 5분 빨리 태어난 쌍둥이 오빠가 있어.
쌍둥이 오빠가 영국 셜록 탐정학교로
유학을 떠나며, 신비한 갓을 물려주었어.
이 갓은 쓰기만 하면 갑자기 아이큐 급상승!
오빠의 탐정 사무소도 물려받기로 했지.
이제부터는 내가 대한민국 K탐정이라고!

등장인물

블루냥
친구 레드오를 만나러
지구에 온 외계인.
도도해 보이지만,
호기심 많은 엉뚱이.

오렌지
열 살 여자아이.
독립심이 강해 간섭받는 건
딱 질색. 명랑 쾌활해
학교에서 인기 짱.

오로라
오렌지네 반려동물.
한 살이며, 갈색 털이 예쁜 푸들.
어쩌다 오이지와 양상추를
이어 주는 사랑의 큐피드가 됨.

오이지
오렌지의 엄마로, 싱글 맘.
K-웹툰의 기획 팀장.
남을 돕는 일이라면
몸을 사리지 않는 행동파.

정삼각
K-웹툰의 마케팅 팀장.
오이지를 짝사랑하고 있으며,
질투심이 많음.

양배추
오렌지와 같은 반 남자아이.
다른 사람의 일에 끼어들기
좋아하고, 장난을 잘 치는
개구쟁이.

양파
양배추의 할아버지.
청바지를 즐겨 입으며,
양배추와 죽이 잘 맞음.
사람을 만나면 어느 집안인지
묻는 게 취미.

양상추
양배추의 아빠로 싱글 대디.
K-웹툰 회사의 소속 작가로,
늘 집에 틀어박혀 일을 하는 은둔형 스타일.
담당자의 얼굴을 한 번도 본 적이 없음.

1장
1인도 가족이야?
10

오 마이 갓 백과 가족이란? ·15
K탐정의 세계 탐구 세계의 가족들은 어떻게 살까? ·22

2장
반려동물이 가족이라고?
26

오 마이 갓 백과 반려동물이란? ·31
K탐정의 세계 탐구 반려동물 없이는 못 살아! ·38

3장
성씨는 아빠에게 물려받는다고?
40

오 마이 갓 백과 본관이란? ·45
K탐정의 세계 탐구 세계 성씨의 유래 ·54

4장
친척을 숫자로 표시한다고?
56

오 마이 갓 백과 　촌수란? ·62
K탐정의 세계 탐구 　세계의 특별한 가족 행사 ·70

5장
입양으로 가족이 될 수 있어?
72

오 마이 갓 백과 　입양이란? ·77
K탐정의 세계 탐구 　입양아 스티브 잡스의 특별한 부모 ·82

6장
가족 사이에도 예절이 필요해?
84

오 마이 갓 백과
가족 예절이란? ·89

1장
1인도 가족이야?

난 그 이름도 찬란한 K탐정!
예리한 눈썰미, 번뜩이는 추리력, 본능적인 직감으로
모든 것을 꿰뚫어 보는 탐정이지! 하하하하!
참, 내가 무슨 얘기를 하려고 했더라?

가족이란?

결혼, 혈연, 입양 등으로 맺어져 일상생활을 함께하는 사람들. **사회**를 이루는 **가장 작은 단위**이다.

예전에는 할아버지, 할머니와 함께 사는 가족이 많았어.
하지만 요즘은 따로 사는 가족이 많아.
어떤 가족이 있는지 볼까?

확대 가족
할아버지나 할머니와 함께 살거나
아빠와 엄마의 형제와 함께 사는 가족

핵가족
부모와 자녀가 함께 사는 가족

한 부모 가족
아빠나 엄마 한쪽과
자녀와 함께 사는 가족

뭐냥? 우리 별에선 다 한 가족인데. 그나저나 레드오를 어디서 찾냐옹.

조손 가족
아빠와 엄마 없이 할아버지나 할머니가 손자 손녀를 데리고 사는 가족

재혼 가족
재혼한 부부와 자녀가 함께 사는 가족

무자녀 가족
자녀 없이 부부끼리만 사는 가족

자녀를 낳지 않고 맞벌이를 하며 풍족하게 사는 부부를 딩크족(DINK)이라고도 불러.

이것 말고도 새로운 가족이 더 있어.
바로 독신 가족.
배우자 없이 나 홀로 생활하는 어른이야.
1인 가구라고도 해.
2022년 인구 총조사에 따르면 우리나라엔 혼자 사는
사람이 3분의 1이나 돼.

중요한 조사 결과가 하나 더 있지.
우리나라 국민 중에 결혼하지 않고 혼자 사는 사람이
점점 늘어나고 있다는 거야.

2015년 결혼하지 않은 30대 → 2020년 결혼하지 않은 30대

따라서 앞으로는 혼자 사는 사람도
가족의 하나로 봐야 해.
시대에 따라 가족의 형태도 변하는 거라고!

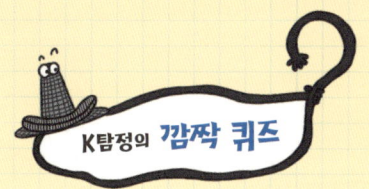

 왕건은 고려를 세운 뒤 지방 세력을 자기편으로 끌어들이기 위해 결혼을 여러 번 했어. 그래서 부인이 29명이고, 자녀도 25남 9녀나 낳았지. 왕건의 가족은 총 64명이야.

1907년경 미국에서 안나 자비스가 돌아가신 어머니를 추모하기 위해 교회에 온 사람들에게 흰색 카네이션을 나눠 주었대. 이 일이 계기가 되어 어머니날이 생겼고, 전 세계로 퍼졌어. 우리나라에서는 5월 8일을 어버이날로 정하고 부모님께 빨간 카네이션을 드려.

세계의 가족들은 어떻게 살까?

사람들은 대가족을 이루어 살기도 하고, 가족끼리라도 성별에 따라 나눠 살기도 해. 세계의 가족들이 사는 모습을 살펴볼까?

 도넛 모양 아파트, 토루에서 사는 중국 대가족

토루 내부의 사당

1300년대에 중국 명나라의 서씨 집안에서 처음 만들었는데, 가장 큰 토루에는 800명이나 살 수 있어.
1층에는 부엌과 식당, 2층에는 창고, 3층 이상에는 침실이 있지.
커다란 마당에는 우물, 식량 창고, 사당 등 가족이 공동으로 사용하는 시설이 있고, 가족의 큰 행사도 이곳에서 열려.

원룸, 게르에서 함께 사는 몽골 가족

게르 내부

초원을 옮겨 다니는 몽골 사람들은 짓고 허물기 쉬운 천막집에서 살았어.
하나의 방을 가족들이 나눠 써야 해서 정리 원칙이 있었지.
침대 등 큰 물건은 벽 쪽에 붙이고, 남자 물건은 서쪽에,
여자 물건은 동쪽에, 가장의 물건이나 귀중품은 북쪽에 두었대.

남자 따로 여자 따로 사는 인도 가족

사는 모습에 따라 집 모양도 다르지?

우리 집은 어디냐옹?

인도는 남자와 여자를 엄격하게 구분했어.
집에서도 남자 방과 여자 방을 따로 정해 놓고
살았지. 만약 방이 하나라면 커튼을 쳐 분리했어.
여자 방은 매우 가까운 여자 친구나
친척이 아니라면 출입 금지야.

2장

반려동물이 가족이라고?

탐정 사무소를 이어받은 지 얼마 되지도 않았는데, 벌써 사건 의뢰가 끊이지를 않네. 발바닥에 불이 나게 달려왔으니 어서 무슨 일인지 말해 봐.

오호, 사진을 보니 오로라는 한 살쯤 된 푸들 강아지로군.

반려동물이란?

반려동물은 사람이
항상 옆에 두고
키우는 동물을 말한다.
기쁨과 슬픔을 함께 나누며,
서로 아끼고 보살펴
가족이라고 여긴다.

우리나라에서는 4분의 1이 훨씬 넘는 가정에서
반려동물을 키우고 있어.
반려동물이 가족과 얼마나 비슷한지 볼래?

반려동물이 어떤 존재인지 알았으니
오이지 씨의 소중한 둘째 딸을 찾아야지.
먼저 오로라를 돌보던 정삼각 씨에게
자세한 이야기를 들어 보자고.

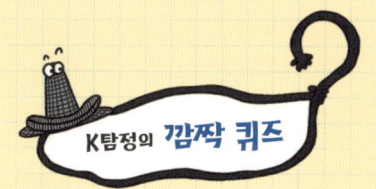

 조선 시대 선비들은 집 안 뜰에서 두루미를 키웠어. 두루미는 몸이 흰색이고 날개 끝이 검은색인데, 우아하고 고고하게 걷는 모습이 선비를 닮았다고 생각했거든. 조선 시대 유명한 화가인 김홍도가 그린 그림에도 뜰에서 고고하게 돌아다니는 두루미가 있어.

 고대 이집트 사람들은 고양이를 신성한 동물이라고 여겨서 고양이 보호법을 만들었어. 고양이가 있는 집은 세금을 줄여 주고, 고양이를 다치게 하면 주인을 사형시키는 일도 있었지. 고양이가 죽으면 주인은 눈썹을 밀어서 슬픔을 나타냈어.

반려동물 없이는 못 살아!

세계 인구의 절반 정도가 반려동물과 함께 생활하고 있어.
세계의 반려동물은 어떻게 지내고 있을까?

삐뽀삐뽀, 반려동물 구급차

가족이 갑자기 아프면 구급차를 불러서
병원에 가지? 하지만 반려동물은 구급차를
이용할 수 없어. 그래서 홍콩의
반려동물협회에서는 반려동물을 위한
전용 구급차 서비스를 시작했어.
이 구급차는 동물 전문 구급 대원과 산소통,
붕대 같은 의료 기기를 갖추고 있어.
연락이 오면 신속하게 달려가 응급 치료를 하고,
동물 병원까지 데려다준대.

우리 방울이를 도와주세요!

고양이 외출 전용 사다리

스위스 베른 지역에는 집 벽에 고양이
외출 전용 사다리가 있어. 그래서 높은
층에 사는 고양이들도 이 사다리를 통해
외출해서는 마음껏 뛰어논 뒤, 사다리를
타고 다시 집으로 돌아간대.

반려동물 우주 장례식

미국의 한 기업에서는 '반려동물 우주 장례식' 서비스를 시작했어. 이곳에서는 반려동물이 죽으면 화장한 뒤, 우주선에 실어서 우주에 잠시 다녀오게 하는 거야. 또는 수많은 별과 함께 잠들라고, 우주로 먼 여행을 보내기도 한대.

영원히 보살펴 주는 반려동물 신탁

일본은 반려동물 입양 절차가 아주 까다로워.
보호자의 직업, 하루에 반려견과 함께 보낼 수 있는 시간,
거주 환경 등을 자세히 써서 관리 단체에 보내 심사를 받아.
또 보호자가 죽고 난 뒤 혼자 남을 반려동물을 위해
미리 보호자를 지정해 두는 신탁 제도도 마련되어 있어.

3장
성씨는 아빠에게 물려받는다고?

할아버지가 날 부르셨다고?

이 몸의 인기는 남녀노소를 가리지 않는군.

음, 무슨 일인지 말해 봐.

다들 제대로 모르고 있군.

우리나라에서는 자기소개를 할 때

성과 이름을 말하지?

본관은 바로 성과 관련된 말이야.

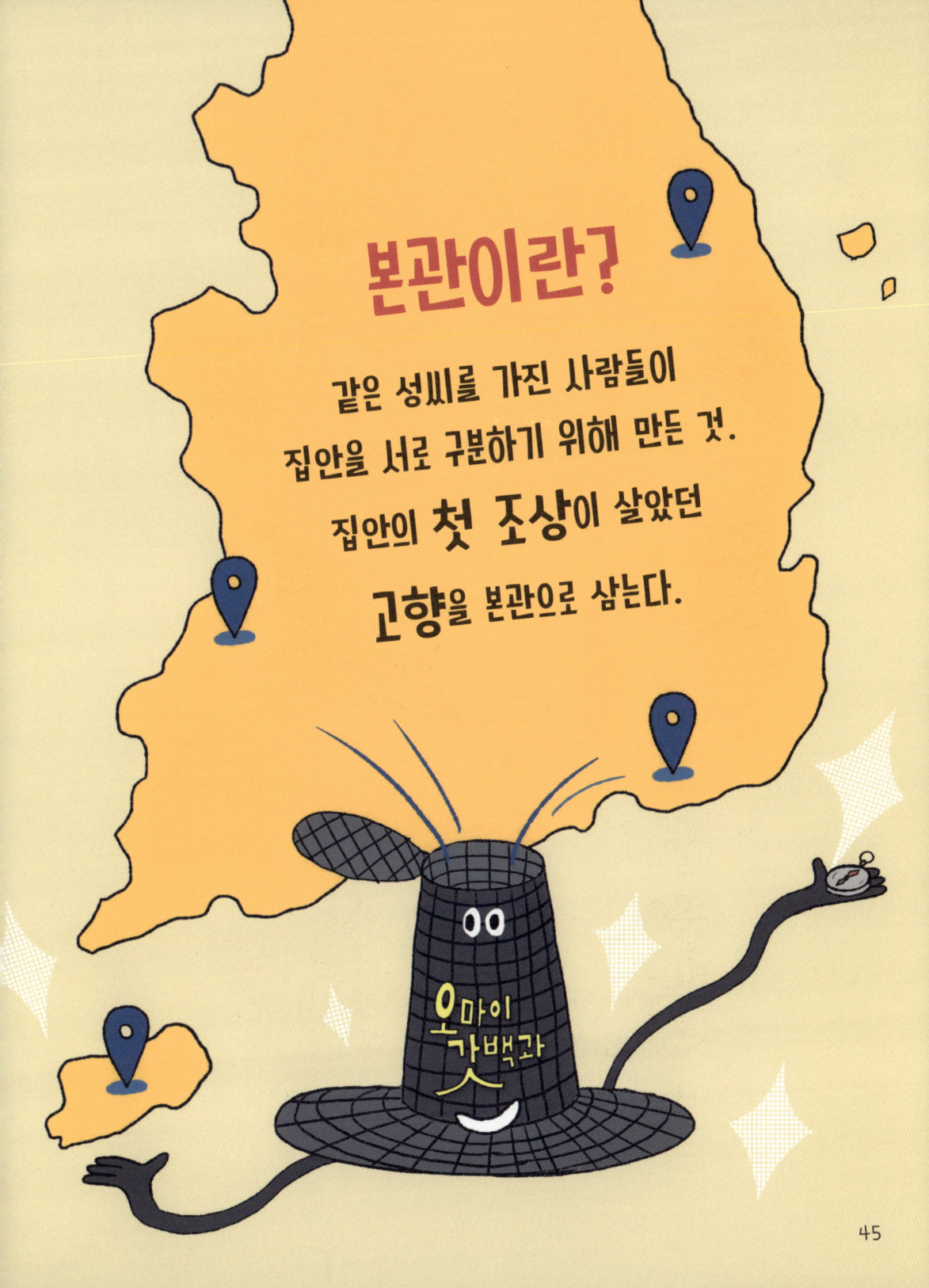

우리나라 성씨 종류는 5천 개가 넘어.
그중 김씨, 이씨, 박씨 세 성이 전체 인구의 45퍼센트 정도야.
그래서 '한양에서 돌을 던지면 김, 이, 박 중
한 명이 맞는다.'라는 옛말도 있어.

KOSIS 국가통계포털 2020

저, 뇌, 삼, 춘, 개, 즙, 빙, 소봉

이게 우리나라에 있는 희귀한 성씨야.
모두 외국에서 귀화한 사람이 만들었어.
원래 쓰던 성을 한글로 소리 나는 대로 쓴 경우지.
10여 자가 되는 가장 긴 성씨도 있어.
우리나라에 귀화한 사람들이 많아지면서 성씨도
다양해지게 됐어.

같은 성도 본관이 여러 개인 경우가 많아. 예를 들어 볼까? 옛날에 양씨 성을 가진 사람들은 제주에 모여 살다가 전국으로 흩어져 새로이 집안을 이루었어. 그 뒤, 각자 자리 잡은 고향을 본관으로 삼아 나뉘게 된 거야.

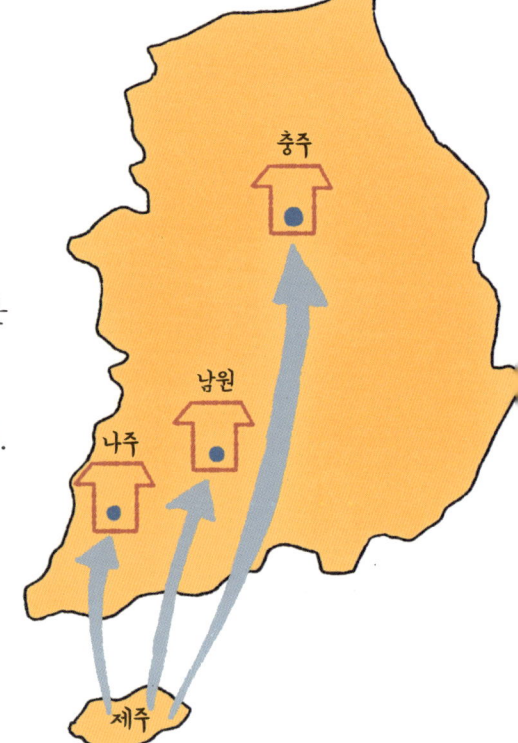

그래서 성과 함께 조상이 살았던 본관까지 말해야 어디 집안 사람인지 제대로 알 수 있어.

그건 우리나라는 아이가 태어나면
원칙적으로 아버지의 성을 따르기 때문이야.
딸이든 아들이든 모두 아버지의 성을 물려받아.

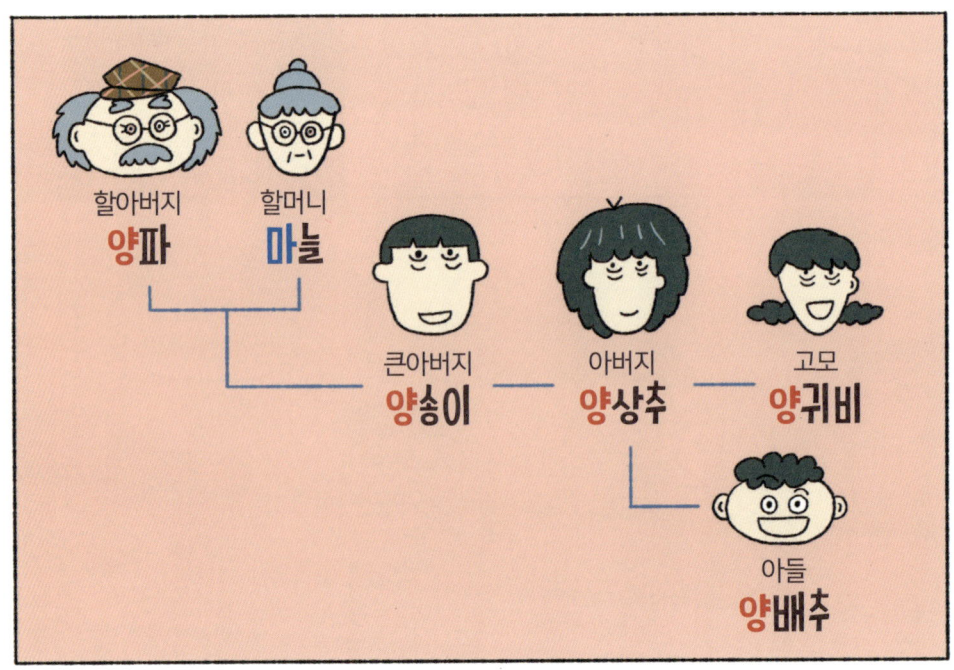

맞아. 엄마에게 성을 물려받는 경우도 있어.
엄마와 아빠가 결혼할 때 의논해서 정하는 거지.

음, 그건 말이지.
렌지처럼 엄마가 재혼을 해서 새아빠가 생길 경우에는
보통 새아빠의 성으로 바꾸는 경우가 많아. 하지만….

K탐정의 깜짝 퀴즈

박씨의 시조는 박혁거세야?

YES 우리나라 성씨 중에는 중국에서 전해진 성씨가 많은데, 박씨는 우리나라 전통 성씨야. 신라를 세운 박혁거세는 박처럼 둥근 알에서 태어났다고 하여 성을 '박'이라고 하고, 박씨의 시조가 되었어.

여성이 결혼을 하면 성이 바뀌는 나라도 있어?

YES 우리나라는 여성이 결혼을 해도 자신의 성을 그대로 쓰지만 미국과 영국에서는 일반적으로 남편의 성으로 바꿔. 대만에서는 자기의 원래 성 앞에 남편 성을 합하여 쓰지. 하지만 최근에는 원래 성을 쓰는 부부도 점차 늘어나고 있어.

세계 성씨의 유래

세계에는 우리나라와 다르게 이름을 앞에 쓰고 성을 뒤에 쓰는 나라가 많아. 세계 여러 나라의 성씨에 담긴 의미를 알아볼까?

가수 **마이클 잭슨**
(Michael Jackson)

잭슨의 조상은 이름이 잭(jack)이었어. 자손이라는 뜻의 son을 이름 뒤에 붙여 잭슨이란 성이 만들어진 거야.

조상 대대로 이렇게 춤을 잘 췄나옹?

인권 운동가 **마틴 루서 킹**
(Martin Luther King)

킹의 조상은 아프리카의 부족장이었어. 미국에 건너온 뒤, 조상의 신분을 성으로 사용한 거야.

화가 **레오나르도 다빈치**
(Leonardo da Vinci)

다빈치의 '빈치'는 이탈리아의 도시 이름이야. 자신이 살던 곳이 성이 되기도 해.

우주 비행사 **닐 암스트롱**
(Neil Armstrong)

암스트롱의 조상은 팔 힘이 세서 성을 암스트롱이라고 정했어. 암(arm)은 팔이고, 스트롱(strong)은 세다는 뜻이야. 신체적 특징이 성이 되기도 해.

물리학자 **알베르트 아인슈타인**
(Albert Einstein)

아인슈타인은 독일어로 '벽돌공'이란 뜻이야. 조상의 직업이 벽돌공이었거든. 직업을 성으로 쓴 거야.

성씨의 유래를 보면 그 가문의 조상들이 누구인지 어떻게 살았는지 알 수 있네.

4장
친척을 숫자로 표시한다고?

경사스러운 결혼식 날에 갑자기 비상사태라니!
그렇다면 당연히 이 몸이 나서야지.
걱정하지 마. 어떤 일이든 번개같이 해결해 줄게.

쯧쯧, 드디어 내 실력을 제대로 보여 줄 때가 왔군.
이런 암호 풀기는 내 전공이라고!

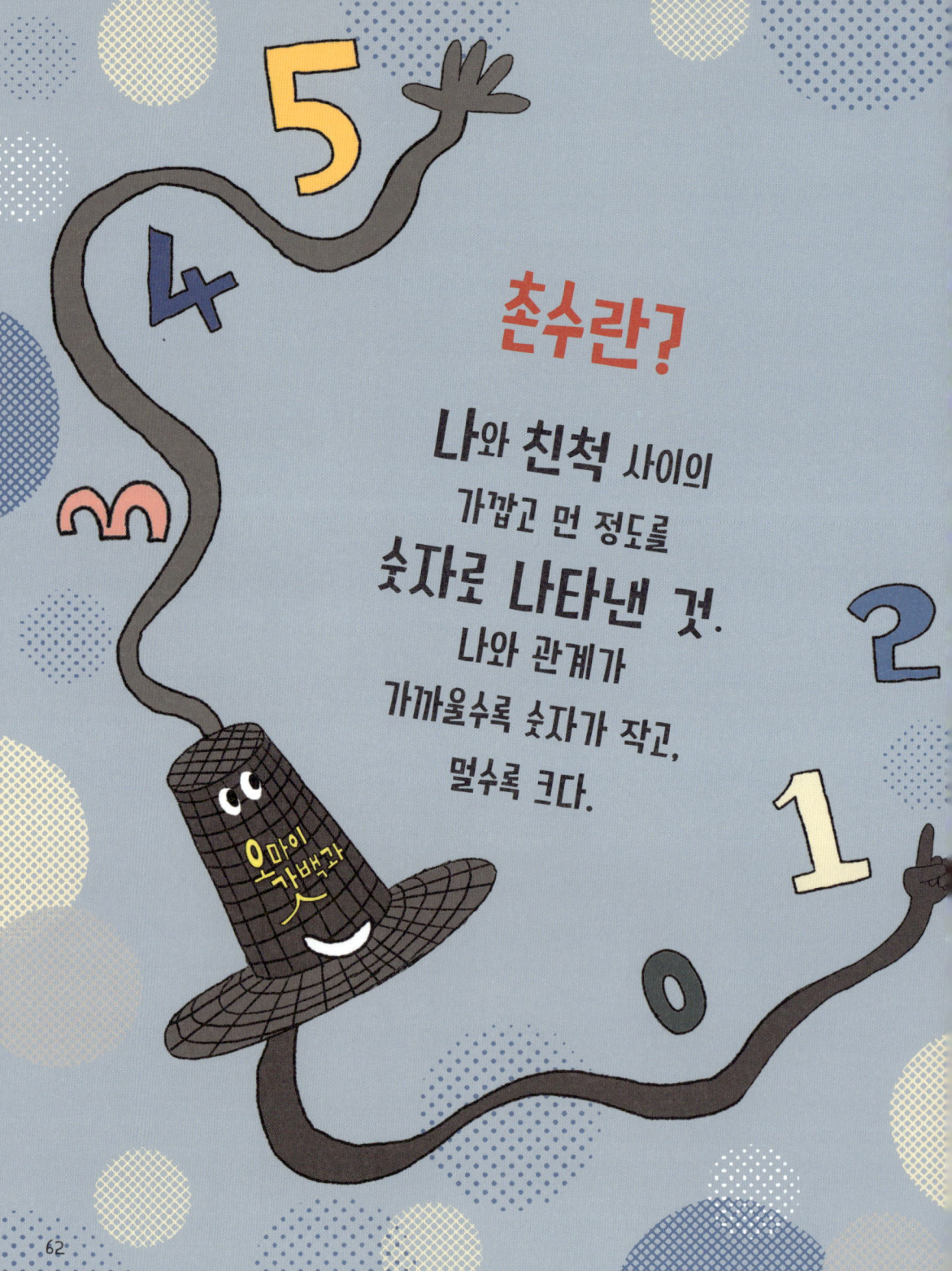

촌수란?

나와 **친척** 사이의
가깝고 먼 정도를
숫자로 나타낸 것.
나와 관계가
가까울수록 숫자가 작고,
멀수록 크다.

친척은 가족과 가족의 부모 형제, 그들의 가족 등
혈연과 결혼으로 맺어진 가족들의 모임이야.
그런데 이렇게 친척이 많으면
나랑 어떤 관계인지 헷갈리잖아?
그래서 알아보기 쉽게 촌수로 나타내는 거야.
촌수 세는 법은 간단해.

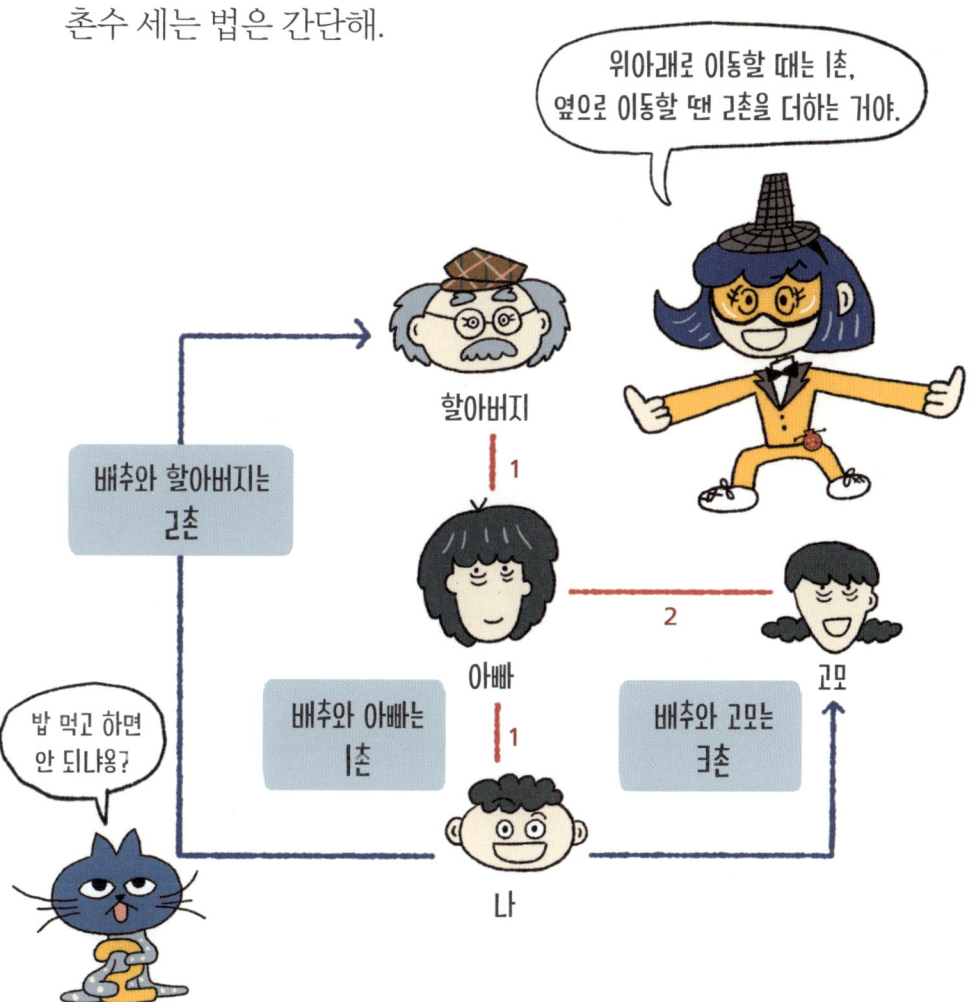

양배추의 친척을 정리한 표를 볼까?
이 중 양배추의 5촌을 찾아서 호칭을 말해 봐.

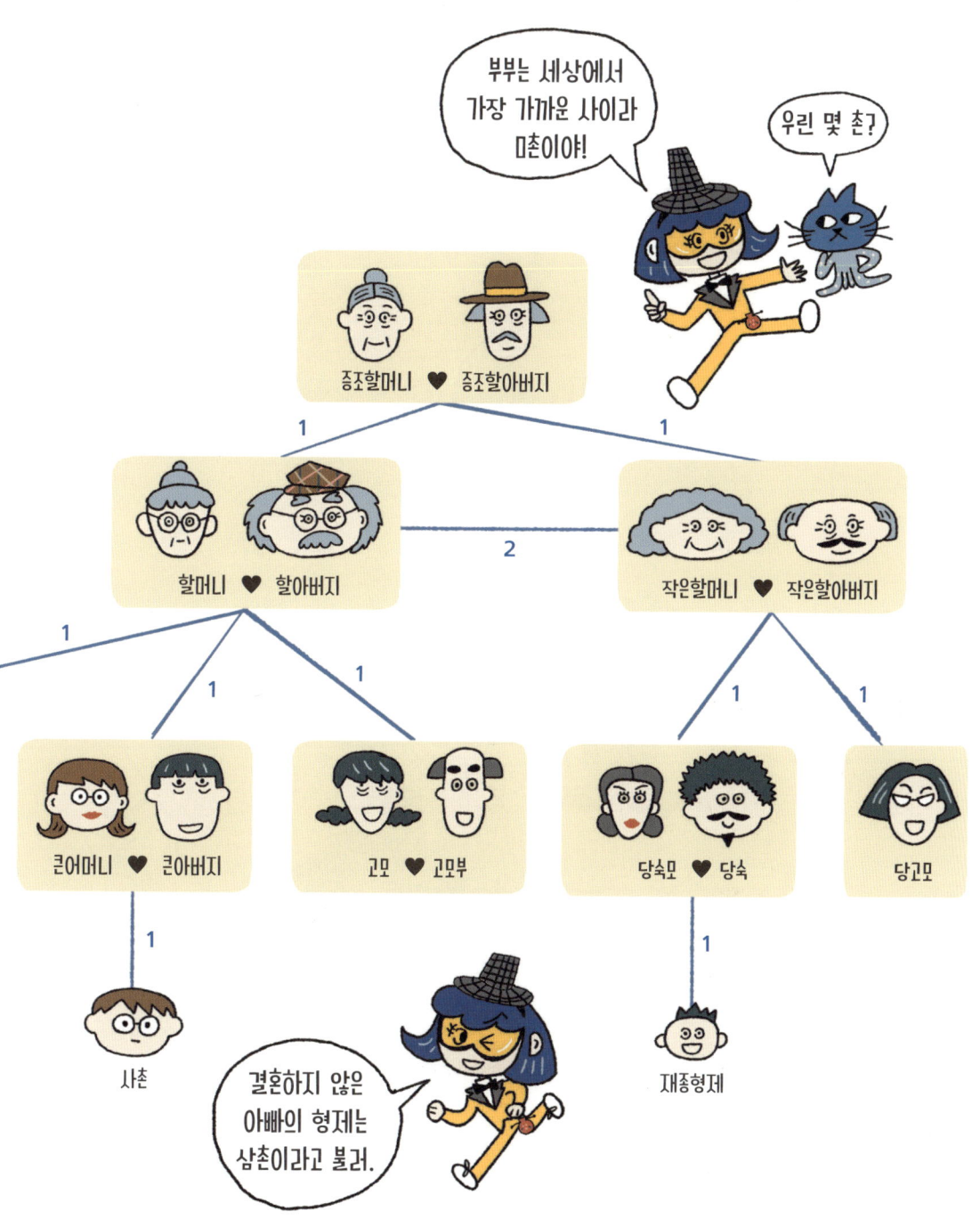

파 는 누가 봐도 겉모습을 알려 주는 실마리야.

딩동댕!
이 중 파마머리는 5촌 당숙뿐이지.

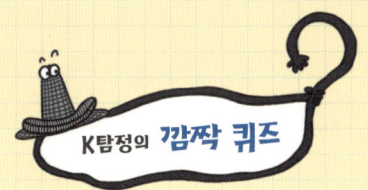

한 집안의 첫 조상부터 그 자손까지 정리한 책을 족보라고 해. 족보를 보면 누가 누구와 결혼해서 자녀를 몇 명 낳았으며 이름이 무엇인지 알 수 있어. 또 무슨 벼슬을 했는지, 업적이 무엇인지도 적혀 있지.

원래 아저씨는 부모의 사촌 이상 형제, 아주머니는 사촌 이상 자매를 부를 때 썼어. 하지만 차츰 가까운 이웃 등을 친근하게 부르는 말로 사용되다가, 요즘에 와서는 낯선 어른을 부를 때도 아저씨, 아주머니라는 호칭을 사용하게 되었어.

세계의 특별한 가족 행사

돌, 생일, 결혼, 제사 등은 가족이 모여 치르는 중요한 행사야.
세계의 사람들은 가족 행사를 어떻게 치를까?

돌잔치 때 머리칼을 미는 인도

우리나라에서는 아이가 첫 생일을 맞이하면 꼬까옷을 입혀 돌잔치를 하며 건강과 행복을 빌어. 그런데 인도에서는 첫 생일을 맞은 아이의 머리칼을 깨끗이 밀어 버린대. 아이에게 깃든 나쁜 기운을 모조리 없앤다는 뜻이야. 그런 뒤 사원에 가서 복을 빌고, 가족이 모여 축하하지.

특별한 생일을 챙기는 뉴질랜드

우리나라에서는 첫 생일, 60살, 70살 생일을 중요하게 생각해. 하지만 뉴질랜드에서는 특별한 생일이 더 많아. 초등학교 입학하는 5살, 청소년이 되는 13살, 부모 동의 없이 결혼할 수 있는 16살, 선거에 투표할 수 있는 18살, 자녀에게 집 열쇠를 주는 21살, 완전한 성인이 되는 40살, 무병장수를 축하하는 80살 생일 등을 특별하게 보내.

시험에 합격해야 결혼하는 브라질

우리나라에서는 성인 여자와 남자가 서로 마음이 맞으면 바로 결혼할 수 있어. 하지만 브라질에서는 먼저 전문 기관에 가서 10일 동안 합숙하며 결혼 교육을 받아야 해. 그 뒤 시험을 치러서 합격해야 '결혼 자격 증명서'를 받을 수 있고 결혼도 할 수 있단다. 브라질에서는 결혼하기가 쉽지 않아 보이지?

화려한 꽃으로 조상을 기리는 멕시코

우리나라에서는 명절과 조상이 돌아가신 날에 정성껏 음식을 차리고 절을 하며 조상을 기려. 하지만 멕시코에서는 '죽은 자의 날'이란 특별한 날에 조상을 기려. 집 안을 금잔화로 화려하게 꾸미고, 제단에 촛불을 밝힌 뒤 사진과 좋아하던 음식을 차려 조상의 혼을 초대하는 거야. 또 해골로 분장하고 무덤을 찾아가기도 해.

귀신을 초대하다니, 무섭지 않냐옹?

흩어져 살던 가족들이 오랜만에 만나서 서로의 안부를 묻고 돌아가신 분을 다 함께 기억하는 거야.

5장

입양으로 가족이 될 수 있어?

캠핑장까지 와서 부르면 어떻게 해?
나도 쉴 시간이 필요하다고. 중요한 일이 아니면 화낼 거야.

보통은 부모님이 아기를 낳아야 동생이 생기지만
입양으로도 가능하지.

입양이란?

혈연관계가 아닌 어른과 아이가 **부모**와 **자식 관계**를 맺어 **가족**이 되는 것.

입양은 내 핏줄이 아닌 아이를 자녀로 삼는 거야.
더 이상 부모의 보살핌을 받을 수 없어서
새로운 부모가 필요한 아이들이 있거든.

입양은 입양하려는 부모와 새 부모를 찾는 아이
모두에게 가족을 찾는 중요한 일이라서 절차가
매우 까다로워.
망고 가족과 함께 입양 과정에 대해 알아볼까?

망고네는 오랜 기다림 끝에 아이를 만나 한 가족이 됐어.
앞으로 어떤 가족이 되고 싶니?

입양 가족은 사랑으로 맺어진 가족이야. 하지만
주변의 편견에 상처받고 힘들어하는 경우도 있어.
너희는 입양 가족을 편견 없는 눈으로 바라봐 줘.

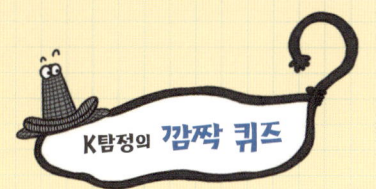

옛날에는 입양 제도가 없었어?

"잘 살아라, 흑!"
"어서 오너라!"

NO 입양 제도와 비슷한 양자 제도가 있었어. 조선 시대에는 남자들만 제사를 지냈어. 주로 큰집에서 제사를 지냈는데, 큰집 자녀 중에 아들이 없으면, 동생네 아들 중 한 명을 양자로 데려와 키우거나 호적에만 아들로 올려 집안의 제사를 지내도록 했어.

해변도 입양한다고?

반려 해변 청소의 날

YES 아이나 반려동물을 입양해 키우듯이 해변을 입양해 가족처럼 보살피는 제도가 있어. 1986년 미국 텍사스주에서 시작한 캠페인으로 개인, 단체, 기업 등이 해변을 자발적으로 입양해서 쓰레기를 줍고 청소하는 등 해변을 돌봐 줘.

입양아 스티브 잡스의 특별한 부모

'애플 컴퓨터'의 창업자였던 스티브 잡스가 입양아였다는 거 아니?
그와 양부모의 이야기를 들려줄게.

어느 날, 아이를 간절히 원하던 부부에게 전화 한 통이 걸려 왔어.

입양할 아이가 나타났다고요?

부부는 곧바로 입양 기관을 찾아갔어.

아기의 미래를 위해 대학 나온 부모님이면 좋겠어요.

우린 대학을 못 다녔지만, 아이는 꼭 대학에 보내겠다고 약속할게요.

부부의 진심 어린 모습에 친부모는 입양을 허락했어.

네 이름은 스티브 잡스야!

6장

가족 사이에도 예절이 필요해?

흠, 쉴 틈이 없군.
가족 예절을 알려면, 예절부터 알아야 해.

맞아. 사람이 마땅히 지켜야 하는 것들이지.
하지만 가족은 가장 가까운 사이라서
예절을 잊어버릴 때가 있어.

가족 예절이란?

가족끼리 서로를 **존중**하고
배려하는 마음으로
말하고 **행동**하는 것이다.

아빠의 행동은 부모로서 의무와 책임을 다 하기 위해서야. 우리나라 민법에는 다음과 같은 내용이 있거든.

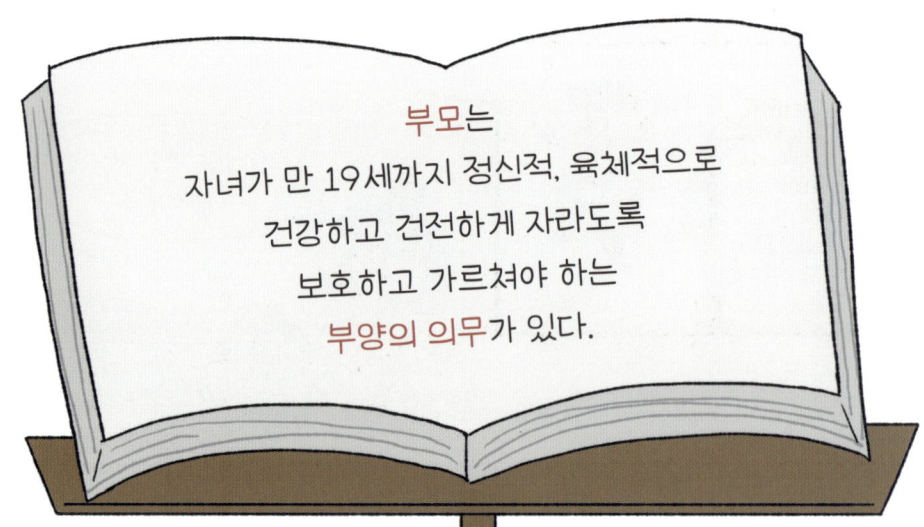

가족도 잘 지내려면 서로 대화가 필요하거든.
가족들에게 평소 하고 싶었던 말을 해 봐.
싫었던 것도 괜찮고 부탁하고 싶은 것도 괜찮아.
이걸로 가족 선언문을 만드는 거야.

가족 선언문

우리 가족은 서로를 존중하며 아끼는 마음으로 다음의 사항을 꼭 지키기로 한다.

1. 방귀는 터도 예의는 지키자.
2. 잔소리는 줄이고 상대방의 꿈은 존중하자.
3. 내가 꺼내 놓은 물건은 스스로 치우자.
4. 아빠의 웹툰 마감 시간은 온 가족이 지켜 주자.
5. 한 달에 한 번 가족 이벤트를 하자.

너희도 오렌지와 양배추 가족처럼
가족 선언문을 만들어 보는 건 어때?
행복한 가족의 비결은 바로,
대화와 서로의 노력이란다.

블루냥 가족 선언문

1. K탐정은 날 먹여 주고 재워 준다.
2. 많이 먹어도 절대 구박하지 않는다.
3. 한 달에 한 번 지구 구경을 시켜 준다.

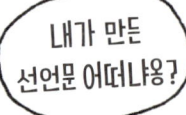

내가 만든 선언문 어떠냐옹?

언제 또 왔냐?
이렇게 따라다닐 거면
차라리 조수나 해!

K탐정의 깜짝 퀴즈

'에티켓'은 영국에서 온 말이야?

NO 옛날 프랑스 베르사유 궁전에는 화장실이 없어서 변기를 갖고 다녀야 했어. 변기가 없으면, 몰래 정원에서 볼일을 봐서 냄새가 무척 심했지. 그러자 관리사가 정원에 '출입 금지'라고 적힌 푯말(ESTIQUER)을 붙여 놓았어. 이 말이 변해 예의범절을 뜻하는 에티켓이 되었대.

'효자를 원치 않는다.'란 가훈이 있었다고?

YES 조선 시대 김굉필이란 학자가 집안사람들이 따라야 할 가르침으로 만든 가훈이야. 그때는 부모가 죽으면 3년 동안 무덤을 지키며 죽만 먹었어. 그래서 영양실조로 죽는 사람까지 생겼지. 김굉필은 잘못된 예절은 바꿔야 한다고 생각해서 이런 가훈을 정한 거야.